JN409097

종소리 날다

지성 · 감성의 메타언어
조선문학시인선 · 401

종소리 날다

고 선 종 시집

조선문학사

■ 책머리에

"… 이미 있던 것이 후에 다시 있겠고 이미 한 일을 후에 다시 할지라. 해 아래에는 새 것이 없나니…"

모든 것이 헛되고 헛되며 빈 몸으로 와서 빈 몸으로 간다하지만 빈 몸과 빈 몸 사이의 인생을 살면서 나 하나 보태지 않아도 넘치는 세상이라 새로울 것도 대단할 것도 없는 몸짓으로 생각되기도 하지만, 뽀시락 장난으로 시간 보내는 아이처럼, 단어 잇기 문장 잇기로 머릿속 늘 뽀시락거리며 바빴으니 마음 맬 데 있어 좋았고 나름 적성에 맞는 놀이를 발견하였으니 저는 만족했습니다만 시집출간에 이르르니 그것은 상당한 용기가 필요한 마음 복잡한 일이 되고마는군요.

허나 '나'만의 글밭을 일구며 구색 갖추기조차 만만치 않았어도 쉬엄쉬엄 쓴 시들이 한 분량이 되니 조촐한 저의 마당에 받기만 했던 선배님들과 지인들께 답하는 초대가 있어야 도리일 것 같고 더하여 사랑의 채찍과 따뜻한 격려 받을 수 있다면 그것이 기쁨이요, 사는 재미라 생각하고 그냥 저질렀습니다.

질곡의 세월에서 삼남매를 지켜주신 어머니, 어머니의 따뜻한 둥지인 큰 오라버니 부부와 든든한 버팀목 나의 남편 그리고 하나를 보냈더니 다섯 배 남는 장사로 돌아온 내 딸 가족 다섯 명 모두 고맙고 사랑합니다.

또한 부족한 저를 이끌어주신 제 시 인생의 처음과 끝이신 스승님 박진환 교수님, 머리 숙여 감사드립니다.

새해 나라와 각 가정에 하늘의 은총이 따뜻한 햇살 되어 내리기 빕니다.

2015년 을미년 정월에

人飛　高善鐘

■ 서시

종소리 날다

삼백 육십 육 계단을 오른 곳에
나의 아이콘이 있습니다
오늘 네가 나와 함께 있으리라시던
한 몸이
저 높은 곳 절대고독 속에
비상을 꿈꾸고 있습니다

숨죽이던 붉은 지붕 위 비둘기들과
먼 곳을 응시하던 종탑 꼭대기의 알바트로스※가
동시에 날아오릅니다
빈 몸 티끌 없는 가슴의 순결이
벽을 뚫고 가슴마다
육중한 저음의 공명으로 연기처럼 스며들 때
비둘기는 마을을 돌아
광장에 내려앉고
알바트로스는 쪽빛 하늘 멀리
음파 너머로 너울너울 날아갑니다

※ 펼친 날개 길이가 최대 3.5m에 이르는 큰 몸체를 가진 지구상에서 가장 높이, 멀리, 오래 나는 새.

종소리 날다 차례

제1부
좁은 문

제2부
계절 산책

제3부
뿌리 속 나라 밖

제4부
시집 평설

제1부

좁은 문

시작(詩作)

총각은 영(靈)이 무르익어
배필 찾아 헤매기 시작하는데
궁합 맞는 색시 찾기가 그리 만만한가
울타리도 뛰어넘어보고
숨었을만한 곳을 쑤셔 보기도하며
천리 길 마다않고
야생마는 날뛰는데

처녀는 좌판 위에서 팔릴 날만 기다렸다
말[言] 팔리는 시장 통에서
누군가 와서 펼쳐봤다 붙여봤다
비틀어봤다 꽈봤다
이리 저리 끌고 다니다가 놔 버리고

짚신짝도 짝은 있는 법
싸움은 말리고 홍정은 붙이랬지
요리조리 맞춰보고 밀고 당기다가
짝 들어맞아
순간에 편안해지며 포만을 느끼는 사랑
A4 용지에서 합방하고 마는
언(言)과 영(靈)의 신방 차리기

희망

새해 첫날
새 달력 겉표지 한 장 뜯어내면
뽐내고 있는 숫자들
하루하루의 싱그런 얼굴

바다와 하늘의 밀월로
잉태했다 부화한
황금란(黃金卵) 한 알을

삼백 육십 오개의
표정으로 짜깁기 한
조각보에 곱게 싸
황금 마차는 달린다

오늘

채우지 못하는 가슴으로
성깔을 부리는
기성품일 수 없는 인생들이 쏟아지는
'기성품 거리'에서

성능 좋은 가면을 찾으려
조명 밝은 쇼 윈도우를
명품 아닌 인생들이 기웃거리는
'명품 거리'에서

쌓다가 부수고 다시 또 쌓아
미끄러진 돌 다시 밀어 올리는
땀방울 뚝뚝 떨어지는
시지프스※의 길에서

길마다 부려놓을 시간을 돌리는
컨베이어 벨트에서
마멸되어가는 하루

※ 그리스 신화에 나오는 왕으로 거대한 돌을 산꼭대기까지
반복적으로 밀어 올려야하는 벌을 받는다.

인생 · 1

어느 생을 돌아
갈아탄
여행 구간

시작도 종점도 알 수 없는
환승과 환승 사이

제 그림자 바라보며 홀로 걷는 길에
시린 영혼들 그림자는 합쳐지고

발자국 내딛을 때마다
혹 하나씩 얹어지는
공짜는 없는 세월

환호도 했다 발등도 찍었다
울다가도 실실 웃는
멈출 수 없는 여행 매니아

아득하다 싶어도
주마등 속도

또 다른 환승역 다가오고야 마는데

간이역도 없이
엉겁결에 올라탔지만
또 어디론지 바꿔 타야할

내심 하차를 거부하고픈
그런대로 만족도 높은
여행 구간

인생 · 2

사잇길로 와서
골목길을 누비다가
책가방 들고 왔다갔다 등하교길 지나
혼사 길로 들어서니
목구멍이 포도청 출퇴근길에서 힘을 빼고
알토란 자식들 신행길에 올려놓고
탄탄대로로 넘어갔는데
그새 뼛골 너무 빼먹은 탓으로
내원(來院)길 잦아지는
고생길 끝에
그만 황천(黃泉)길로 들어서는 것
때로 성질 급한 이들은
지름길도 이용하는
인생

새벽

어둠을 밀어내며
해를 밀어 올린다

밀어내는 것의 양극
아침은 양극 사이에서 열리는
개벽이다

개벽을 주관하시는 이
하루를 주시고
하루의 삶과
하루치의 행복을 주시는
당신의 손에
원죄를 도려내는 메스가 들려있다

새벽
다시 건강한 백혈구
송알송알
맺혀있다

어느 날

가질수록 욕망의 항아리는 비어가고
채울수록 넘칠 줄 모르고 누수되는
고해 속 고도 사바라는 삶터 너머에

다툴수록 환해지는 꽃자리들과
부산할수록 적요한 벌 나비 건강한
산 병풍 쳐 차단한 요새도
아직은 천국이 아니다

낮을 지배하던 황제의 귀가길
내리는 듯 오르는 듯
밀고 밀리며 피를 달구는 하늘과 땅
붉고도 시리고 푸르고도 따스하게
스며드는 향연

그 아래 한쪽 귀퉁이
딛고 선 발아래 청연정* 은
덩달아 우주의 질서 속으로
오색 일렁이며 한 끝을 물어 합류하고

꼬리 잡은 천국을 놓칠세라
한눈에 잡아 삼켜버린
비밀스런 가슴을 두고
꿀 같은 잠자리에 드는 하늘과 땅!

※ 청연정 : 시인이 가꾸는 정원 이름.

선물

새벽 이슬 밟으며 텃밭에 나가
상추 오이 가지 피망 토마토 따다가
감자 가지는 찌고
상추 오이 피망은 적당히 썰어 큰 접시에 담아
그 위에 미리 따다 보관해둔
산딸기 오디 앵두를 얹어
샐러드 한 접시 만들고
아, 토마토는 십자로 갈라 렌지에 돌려
올리브유 한 숟갈 뿌려 후식을 하고
더하여 우유 한 잔에 계란만 곁들이면
흰색 빨간색 검정색 보라색 초록색 오색찬란한
텃밭에서 식탁까지 유통기간 30분
완벽한 천연 영양 밥상이 차려진다

씨앗 하나에
땅의 자비로움
햇빛의 정성
사랑의 비가 화합하여
세월을 기다리니
철마다 구색 맞춰

일용할 양식을 보내주신다

절로 고개 숙여지고
코끝 찡한 밥상머리에서
영혼까지 배부른 식사가 끝나면
마당으로 텃밭으로 풀방구리에 쥐 드나들 듯
부지런떠는 발걸음은 새털이다

고려청자

우러르듯 비상하고
방향 틀어 하강하는
군학(群鶴)을 풀어 깊이를 잰다
하늘을 품은 여인

영혼이 향하는 곳
신의 속삭임에 귀 기울이며
지르밟는 걸음걸음
선(線)으로 이어지고
이어진 선 따라 걸으면
고귀한 혼이 다다른 곳 있으리

천년 혼 긴 호흡의
그윽한 비취빛 여인네가
학을 타고 시공을 가로지르며
영원 속으로 길을 잡는다

시골 아파트

소파, TV, 컴퓨터책상, 피아노
거실에 함께 동거중이다
거기에 딱 붙은
두 개의 싱글 침대
협탁은 두어 무엇하랴

옹기종기 모여 있는
면사무소, 우체국, 마트, 미장원
하루치 사무에 발품 팔 일 없으니
그 아니 좋으리

유람나선 첩첩 산 구름에
펼쳐진 푸른 논이
설거지하는 내 눈 속에
평화의 화폭으로 깔리고
한가로운 달과 별은
누운 침대 위로 찾아오니

품지 못한 것 없는 씨알 세상
설악면(雪岳面)에 내려 쌓이느니
눈[雪] 아닌 정(情) 아니던가

미생물

산이 있어 산을 오르고
물이 있어 물놀이하며
곡(谷)에 자리 잡고 살았다

어디서 와서 어디로 가는지
알 수 없었지만
주어진 삶을 즐겨
뚜벅뚜벅 걸으며
그날그날 살았다

내가 어디에 무엇으로 있는 것인지
문득 궁금해진 날
둘레둘레 고개 돌리며 살펴보니
눈이 부셔 바로 쳐다볼 수도 없는
해 같기도 한
안광(眼光)과 마주쳤는데

나를 현미경 대물렌즈 밑에 놓고
열심히 살펴보고 있는
눈초리인 것을 알았을 뿐

그가 누구인지
무엇 때문에 살피고 있는 지조차
가늠할 수 없었다

무지개

색동옷 지어 입고 그네를 탈 때부터
소녀들은 누구라도 일곱 꿈 무지개다

한 번 굴러 하늘로 치솟을 때 마다
무지개는 간단없이
만들어졌다 멀어져 간다

고운 빛깔 비단 자락 하늘에 펼쳐놓고
이리 훌쩍 저리 훌쩍 넘나들다가
끝내는 마음만 하늘로 날려 보내고

등골이 서늘하여 소스라치면
엄마는 무지개가 되느라 그런다며
품에 안아 토닥이고
소녀는 다시
꿈속 그네를 뛴다

백설 땡땡이 박힌 순백의 드레스 입고
시집가는 날

함박웃음 가득히 신랑 손잡고
길고 긴 웨딩홀 회랑을 지나
무지개 나라로 들어갔더니

꿈 너머에서 환희 희망 언약들이
일곱 가지 맛으로 분해되어
땅으로 하강하고
달고도 쓰고, 시고도 떫고, 짜고도 구수하고
지독히도 매운 것이 되어
무지개는 멀리 멀리 달아나버렸다

마술은 없다

마술은 없다
빈 모자 속에서
비둘기가 튀어 나오고
지르는 고고성에
없던 새 생명이 태어난다 해도

발끝에 실을 걸고 걸어가는
얽힌 발자국을
뉘라서 풀어내랴마는
묶였던 사슬이
고함 한 번에 풀어져버리는
풀어져 시작 전으로 회귀하는
회귀하여 훠이 훠이 빠져 나가는
마법 같은 순간이 있어
맺히고도 풀리고
풀리고도 맺히는

마술은 있다

등산

품은 팔방으로 열려 있고
고개는 열 두 고개
거대한 근육질 육신의 핏줄을 타고 오르며
한 발 한 발 골라 내딛는 길
영혼을 목욕 시킨다

헉헉거리는 숨소리 퍼져갈 쯤
발자국들은 다 자신만의 독방으로 숨어들고
깔딱 깔딱 고개 넘으며 기진하기 직전인데도
수도 없이 정상을 힐끔거리며 훔쳐보는
미처 못 버린 욕심

옜다, 보아라
형님 아우 일가친척
첩첩 대가족의 파노라마로 산이 열리고

산을 정복했다!
환호하는 순간
현기증 일으키는 황홀경의 블랙 홀로 빠져들고
빙빙 손잡고 도는 산은
인간들을 원심(圓心)에 몰아넣고
티끌 되게 조인다

닮았다

바다 속 가오리가
양 날개 펄럭이며
창공을 날고

하늘 나는 제비가
지느러미 하늘거리며
바다 속을 유영하고

나무 가지
하늘 향해 뿌리 깊어질 때

뿌리들도 꼭 그만큼
잔가지 늘려가며 키를 높인다

거울을 사이에 두고
너와 나
하나도 다를 것 없는
웃음 지을 때

수평선
지평선도
거울이 된다

밤 비

하늘에서 내리는 것은
비 아닌 기름이다
그리움에 불을 당기는

당긴 불로 켠 등촉 하나
외로운 섬에 버리고 온줄 알았던
한 구석 추억을 찾아내고

젖을수록 가슴은
마른 장작 되어
스스로의 가슴에 불을 지르는
방화범

언제나 탈 수 있는 가슴과
타는 가슴을 사랑하는
그리움으로
비가 기름 되어 내리는 밤이면
가슴엣 병 도진다

그리움

한사코
범람하는 물
달래지 못한
도강을 꿈꾸는 강물을 가슴에 지녔음이다

한사코
출렁이며 뒤척이는 파도
달래지 못한
타향을 꿈꾸는 바다를 가슴에 지녔음이다

한사코
발걸음 재촉하는 행보
축지법의 달인이
가슴으로 낸 길을 지녔음이다

이별 앞에서

계절 골라 피운 꽃
네 꽃에 벌 날아와 내 꽃에 나비 날아와
서로 호호거리며 세월을 잉태해 열매 맺더니

밀어버린 민둥머리 걸친 환자복이며
싸늘히 비웃는 선(線) 몇 줄에
이승과 저승을 이어놓고
삶과 죽음을 보표 삼아
발자국 건너뛰려는 친구야

아침에 나와 종일 노니던 발길
돌아가는 귀가(歸家)의 발길이냐
한바탕 꿈속에서 노니다가 깨어나는 길목이더냐

서로 알아보고 웃었던 돌아 다시 만난 인연의 날들
흙이어도 물이어도 바람이어도 상관없지 않느냐

귀 기울이면 반갑다고 속삭이는 밀어
천지간에 만발한데
따스한 체온 옆에 머물거든 단박에 피어오르는 미소로
또 만나자 무엇이 되어

황혼

마음 맬 데 없는 날엔
TV를 봐도 책을 읽어도 시시하다
잠이나 잘까 침대에 누워 청해봐도
옆자리 코고는 소리 없어
되레 잠이 줄행랑
눈만 감으면 새까만 허공은
그대로 무덤이지 싶다

정적 속 '카톡!' 소리에 스마트폰 열어보니
'룸서비스로 식사 때웠어'
'TV 보고있네'
'피곤한데 잠을 깊이 못 잤구먼'하며
만 리 밖 영감도
맥없이 카톡만 날리고 있다

청춘도 정열도 그렇다고
내연의 불꽃도 아닌 것이
깜박깜박, 꺼질 듯 말 듯
사위는 불은 거리를 인내하지 못하는데
이별을 재촉하는 시절로 해서

겨울보다 추운 빙점지대

제비는 떠났어도
하늘은 보란 듯 더욱 푸르러
황혼은 해가 갈수록 가을이 버겁다

세월

딸아, 네 외할머니의 울음을 먹고 자란
나의 사랑으로
아린 가슴 기도는 시작되었다

내일 웃고 싶어
오늘의 웃음을 사양했던 날들이
이제 보니
긴 터널 같기도 하고
하룻밤 꿈같기도 하구나

수유 쿠션 위에서부터
꽃잎 피울 날 소망하면서
나의 손녀는
안간 힘을 다해
어미젖을 빨아대는구나

작은 새야
둥지를 차고 날아
날며 떨어지며 부딪치며
스스로 성녀(成女)가 되었구나

새끼 품고 있는 너는
바로 나의 어머니이다
기도는 필요했던 것일까
딸아, 나는 이제 기도하지 않으련다

흙

나비 되어 꽃에 앉으면서
사슴 되어 목축이고 하늘 보면서
새 되어 날다가도 내려앉으면서
여기저기 그리움으로 발자국을 찍는다

저마다의 무늬와 빛깔로
형형색색 물들이는 찬란한 세상
눈물은 흐르고

아름다움이 슬픔 되는 것은
끝과 끝이 맞닿아 있음이거나
잠깐의 이별 때문이리라

너와 나 잠시 서로
무엇이 되어 나부끼지만
원래 한 몸

멀리 가지 못하고
곁에 가까이 하면서
따뜻한 몸에 비비고 싶어
목이 메인다

달

그리움이 아픔이 된다는 말 들어봤지만
들어보지 못한 독이 된다는 말도
허사는 아니더라

그보다는
저 달빛 속에 독이 섞여있다는 말
들어보지 못했지만
독이 되어 가슴이 아파하는 것도
거짓은 아니더라

허사가 아닌
거짓이 아닌
저 차가움이
가슴의 불길을 당긴다는 것
달빛으로 울어본 사람은 안다

그리움으로 아픔이 되는 것
아픔으로 독이 되는 것
달 벗해보면 안다

별

가 닿을 수 없는
가 닿을 수 없음으로
영원이 되어버린

쳐다만 보고도
가슴앓이가 되어버린
사랑

하늘 멀리
가물가물 앓는 가슴들이
모여 있다

소망 · 1

그대
생각 없이 드내쉬는 숨결
나의
달콤한 잠이 되고 생기가 되고

그대
뜻 없이 휘날리는 몸짓
나의
웃음이 되고 울음이 됩니다

그대여
다 놓고 오셔도 자랑이 됩니다
가벼이 펄럭이는 비상하는 날개로
앞서거니 뒤서거니 창공을 동행하는
두 마리 기러기
제가 그리는 세상입니다

소망·2

한줄기 바람이
스치고 지나갈 때
싱그런 바람에
몸을 맡겼다

황화 코스모스
정자 옆에 만발하면
소박한 찬란함에
넋을 놓았다

나 살며
누군가의 앞으로
지나갔으리
나 살며
누군가의 옆에서
서성거렸으리

나도 그대에게
한줄기 싱그러운 바람이었으면
나도 그대에게
은은한 향 풍기는 꽃이었으면

행복

FM 라디오 꺼지면
하루치 찬거리 소쿠리에 담아 귀로에 들어서는
자박자박 돌아오는 장화소리 들리고
잡곡밥 익어가는 압력솥 저속력의 기관차소리는
보글보글 끓는 된장국 냄새를 싣고
한없이 달리려한다

회색 극세사 하늘 커튼이 쳐지고
검은 포복으로 포위망을 좁혀가는 어둔 정원에선
오색찬란했음에 어둠도 감사가 되어
고개 숙여 순명하는
나무며 석탑이며 의자며 꽃들…

미리내 보석상가
야시장을 펼칠 때
하루치 피곤만큼 요란한
옆자리의 숨소리 수면제 삼아
불면을 달래며
늘어선 보석상 앞으로
순간이동 시킨다

숨바꼭질

오라버니와 나는 숨바꼭질 중이다
어디로 갔지?
시퍼런 불꽃 꼬리 달고
어디에 있지?
땅바닥으로 물 스미듯 숨어버렸나
머리카락 보일까 꼭꼭 숨었네

허물은 벗어
꿀단지만한 항아리에 남겼는데
같이 울고 웃으며 보살펴주던
사라져버린 신기루
서로 추위를 비비며 어미 새 기다리던
한 둥지 동기
겨울을 덮어주던 이불이 오간 데 없다

오라비가 뿌리라던 비료는
밭에 서서 목을 빼는데
의자에 홀로 앉은 나비 한 마리
홀연히 날아가 버리고
한 올 머리카락도 보여주지 않는
찾을 수 없는 숨바꼭질이라하여
이별은 아니리

좁은 문

개미들에게 문(門)은 여전히
대문(大門)이었고
광야를 넘어
먼 길을 돌아온 거인에게
문(門)은
떠날 때의 문(門)이 아니었다

모여든 개미들은
코끼리인지 통나무인지조차 알 수 없는
거인이 통과한 문을 넘지 못해

이후로도 오랫동안
의견 분분 꽃잎 날리며
문전을 맴돌더라

첫 손자 오던 날

하루해를 다 사른
줄탁동시(崒啄同時)※ 협업 끝에
팽팽한 어미의 아드레날린이
단박에 엔돌핀으로 선회하는 찬란한 축포는
울음소리였다

탯줄 자르던 파르르 떨린 손의 초보 아비와
안절부절이던 친정어미의 눈에서도
무게를 이기지 못한 퍼런 이슬들이
두루루 구슬로 떨어지고

생애 첫날
윤기 흐르는 막 따온 밤톨이
무대 중앙으로 등극하는 밤
실실 넘치는 황홀감에
주섬주섬 짐을 싸
자진 뒷방마님으로 물러나는
달뜬 가슴 하나
잠들지 못하고 서성거리더라

※ 병아리가 세상에 나오려고 안에서 쪼면 어미닭도 밖에서 그 부분을 쪼아주는 것.

노인시대(老人時代)

서리서리 굽이굽이
천리(千里) 길 돌아 돌아
골마다 눈(目)이 되면

천리(千里)를 뚫어
천리(天理)를 꿰는

비로소 열리는 눈
개안(開眼)만이 피워내는
주름꽃 핀다

신중년(新中年)* 대박 십 오년
프리미엄까지 붙어
주름꽃값
날로 절상되는

시대는 바야흐로
주름꽃이 주름잡는
노인시대

※ 신중년 : 최근 새로이 명명된 60~75세까지의 노인층.

힐링(healing) 시대

한때 온 나라에
웰빙(well-being)열풍이 불었다

잘 먹고 잘 산다는 웰빙
온갖 웰빙 상표 식품 달게 먹고
만인이 건강할 줄 알았더니

웰걸
힐링 시대로 곤두박질
잘 먹고 잘 살았다면
필요 없을 힐링

하기사
웰빙 웰빙 떠드는 것은 웰빙이 안 된다는 뜻이고
힐링 힐링 떠드는 것은 힐링이 안 된다는 뜻이렸다

웰빙 음식 먹고
못 면한 중병앓이
이제 무얼 먹고 식성 살려
힐링 해야 하나

한강(漢江)

미사동 가는 길은 선사(先史)로 열리는 길
길 따라 그리움 속으로 들어갔더니
수천 년 발자국이 켜켜이 쌓여있구나

팔당 가는 길은 미래로 열리는 길
한 구렁이 북쪽에서 또 한 구렁이 남쪽에서
이 땅을 훑으며 흐르다 몸을 섞더라
섞어 큰 몸 되어 달려가더라

이 땅에 폭풍우 내리던 날
신랑 각시 한강(恨江)에서 손을 놓쳤다
이 땅에 광풍 치던 날
형과 아우 한강(恨江)에서 등을 돌렸다
속앓이로 흐르던 강은 말이 없더니

어느 사이 물 위에서 하늘이 놀고
푸른 산을 품었으니 새날이 올 것 같아
고니 기러기 비상하고 잉어 떼 춤추는걸 보니
탯줄 자리에서 용이 태어나려나보다

초등학교 등교시간

수줍음을 가리지 못한
햇살이 앞서가는
아파트 중앙공원 가르마길로
세 방향에서 쏟아져 나오는
새끼 거북이들

종종종 발걸음 옮기다 쪼로록 달리고
뒷전으로 빠져 모래 파면서
한 데 보고 노작거리느라
해찰 심하다

세상을 접어 넣은
등딱지 괴나리봇짐을
한 줌 어깨에 짊어지고
갈 곳 만 리 모래사막 너머
큰 바다를 꿈꾼다

하루 별에 한걸음 내딛는
걸음마다 영글어지는
애기똥풀 발자국을 남기고

열린 입 흡입구로 빨려들면
대견하기도 궁금하기도 한 햇살은
기어이 창문을 기웃거린다

하남(河南) 가는 길

산소로 충전한 맑고 깨끗한 피가
부르는 소리 있어 귀 기울이면
혈전 없는 시원한 동맥 속을
스물스물 기어다니는
시어(詩語)들

스승님의 회초리는
뚝뚝 선혈로 떨어지는
도규(刀圭)의 터치(touch)
돌려받을 시 한 수의 상처를 위해

물살 거슬러 회귀하는 연어 되어
한 눈금에 목마른 발길
아스팔트를 말아 일으키며
바퀴는 돈다

제2부

계절 산책

데이지

정신없이 김을 매다
무심코 고개 드니
데이지꽃 하얀 얼굴들이
코앞에서 웃고 있네

데이지꽃 사잇길은
발자국을 찍던
예로 열리는 가르마 길
길 끝에서 손짓하는
하얀꽃 지천이던
그 한 날로

동그마니
몸만 밭에 남겨두고
울타리를 뛰어넘는
투명인간 하나
바람으로 길을 잡아
천리마는 달린다

가위손

가위손이 떴다하면
스르륵 밀고 내려오며 칭칭 감거나
타고 기어오르는 몸뚱어리로
이웃 간의 정을 저버리는 칡들과
그에 부화뇌동하는 졸개들은
사시나무 떨 듯하고

복장 불량의 영산홍 회양목도
뻗친 두발 잘리고 솎아지면
주사 맞는 아이처럼 두려워한다

권력을 틀어 쥔 가위손은
예서제서 불 번쩍이는 날 세운 퍼런 서슬이다

해도
앉은뱅이 제비꽃부터 키다리 무궁화까지
미스 유니버스 자태로 도열해 선 점호시간
'사랑한다, 미녀들!'
전지가위 멀리 던져버리고
두 손 들어버리면 상황 끝!

와르르 터지는 예쁜이들 웃음소리에
푸른 세상 여울지며 흘러서간다

산

선녀들이 목욕을 하나보다
물안개 망사로 풀어
가림막을 둘렀다

때 되자 모락모락
피어오르는 수증기
아침밥을 짓나 봐

잘못 들어선 선계(仙界)
섬으로 떠있던
흰 바다 위 뾰족 궁
제자리로 돌아오고
정령들의 행방은
알 수 없다

잿빛 머리띠를 두른
이마에 피가 도는
산

풍매화

노란 연막탄 몽환 속을
하늘을 덮는 낙하산부대가
바람의 영역을 넘보며
산하를 타고 넘는다

철갑으로도 대포로도 막을 길 없는
초경량 공중전의 명수들이
눈물 콧물 훌쩍이며
온몸의 가려움증을 긁어대는
방해꾼들의 수족을 묶어놓고

착지 소리 사뿐
옥토(玉土)를 접수한
작은 방 고치 속 마다
숨소리 새근거린다
호시절의 연례행사로

봄날 뜨락

헨델의 할렐루야처럼
슈베르트의 음악에(an die musik)처럼
선율과 선율이 어우러지는 합창

한 밤 자고 뒤집고
두 밤 자고 일어서는
속성으로 크는 성장
미처 못 보았는데

번쩍 정신 들게
섬세하고 감미롭게
때 맞춰 제 몫 하며 어우러지는
열 손가락 기특한 자식들 보느라
정신이 혼미하다

장미

가인(嘉人)이려거든
선혈 째로 뚝 떨어지는
동백 같기를
아님
여한 없이 만발한 뒤
시어되어 떨어지는
벚꽃 같기를

앞태가 백 냥이면
뒤태는 천 냥인데

여왕이려거든
독가시로 세운
성질 내려놓고
향기 만리 의기양양이다

화혼(花魂)
백조 되어
귀천하여라

청개구리

어느 날에 임께서는
갇힌 곳에서 걸어 나와 홀가분히
당신의 나라로 가실 수 있답니까

어느 날에 저희는
기도하지 않아도 거침없이 초원을 누비는
사자나 치타처럼 광야를 내달릴 수 있답니까

매 들지도 벌하지도 못하여 함구하시는 임과
철들지도 홀로 서지도 못하는 임을 닮지 않은 자녀는

서로가 벗어날 길 없는 붙잡힌 사랑으로
주룩주룩 가슴에 비가 내리는 날이면
천근 무게를 지고 꺼이꺼이
저희도 임처럼 골고다※를 오릅니다

※ 골고다 : 예수가 십자가에 못 박혀 돌아가신 예루살렘 교외
의 언덕.

여름

기차 화통에 데었나
화통의 열기에 화가 났나
악을 쓰며 소란을 떠는 매미

그런들 상관하리
살 오르는 오곡(五穀)은
불가마 한증으로
땀방울도 피가 되고
백과(百果)는
파라솔 그늘 무대삼아
잡새들 하오(夏午)의 음악회로
시절을 즐기는데

그 안중에 더위를 먹어
입맛 없는 강아지만
혀가 석 자로 늘어져있다

장마 후

내 영토를 유린한 적(敵)이
적반하장이라며 포위망을 좁혀오자
턱 쳐들고 도전하는 놈
두려움에 숨어 있는 놈
아양 떠는 놈들 가릴 것 없이
철퇴는 내려지고

전세 불리의 원인이
기동력 탓이라 판단한 적은
공중전에 능한 용병까지 끌어들여
쏘고 빠지는 게릴라전을 펴지만
임전에 후퇴 없고 항복은 더욱 없는
내 손자병법 앞에 속수무책 무너진다

널부러진 적들의 시체를
마주하는 밤탱이 눈과
땀범벅에 엉거주춤한 허리가
피아(彼我)간 전상(戰狀)이지만

눈 시린 깔끔한 전장(戰場)
잔디 마당 위로
꿀물 같은 달콤한 승리가
썩소되어 날아간다

오수(午睡)

하늘 뜨거워
바람조차 두문불출이면
종종 걸음 병아리들 불러 모아
암탉이 품는 시간

성한 볕에 반사되는
짙은 그늘에 던진
호미 자루 끝의 섬광
쫓기 듯 원두막에 빨려들면

개울물만 살아서
피를 돌리고
자장자장 토닥이다
가물가물 사라지는

한낮 큰 세상
정오가 삼켜버린
꿀 먹은 시간

칸나

열두 폭
치마 자락으로
쏟아져 내리는
하얀 정기(精氣) 받아 모아

굽이굽이 뜨거움의 끝자락
가을 오기 전
초록치마 위로
받쳐 입은 선홍 저고리는

다시 가라하면 못갈 길에도
녹의홍상(綠衣紅裳) 입고
청실홍실 엮이던
뭉게구름 타고 오르던 구름 저편
아련한 그날을
잊고 싶지 않은 까닭이겠지요

구름 그림자

꿈틀거리며 허리 트는 수천마리의 뱀이다가
번쩍이는 비늘 세워 달리는 장강이다가
날것들을 수장해버리는 바다이다가

살아 움직이는 생물이
실체와 허상 유희 즐기는
그림자놀이

꿈을 쪼며 꿈결을 좇아 날던 새
드리워진 얼룩 그림자로
짝 맞추기 퍼즐 게임을 즐긴 날 이후

그림자로 그림자를 빼앗긴 날이면
벌판에 서서 고개를 들고
먼 곳의 안부를 묻는다

바람 · 1

앉은뱅이를 비웃는다
모성(母性)을 비웃는다
빗자루 쓰는 소리는
고임이 두려운
풀무질

살아난 옷자락
펄럭이는 대팻날로
대패질해대며
호면을 깎아대는데

달리며 말갈기보다 선명한 생명이더니
멈춤으로 부재가 되어버리는
생명의 전설은
허깨비가 장난치고 간
거친 숨결이었다

바람 · 2

휘두른 칼날
스치기만 해도 코 베이고 빰을 에는
천하가 떠는
전광석화와 같은
사무라이 칼솜씨

살랑이다가 몰아치다가
왔다가 갔다가
입맛 따라 요변덕을 치는
꼬리를 잡을 수도 잡히지도 않는
구미호

어떤 이는
먼 나라 브라질에서
날갯짓하는 나비가
그의 고향이라고도 하고
또 어떤 이는 떠도는 역마살의 형벌을 받은
고향을 알 수 없는
행려자라고도 하고

가을 산

앞산 가을 호랑이 한 마리
푸른 산 잡아먹고
배 깔고 모로 누워있네
뻗친 앞발 사이로
고개 묻었다가
금방이라도 일어나
포효할 것만 같은
알록달록 찬란한 호피 무늬
햇살 아래 숨죽인
거대한 위용

단풍

노욕이 발동하면
그리 무섭던가

서산 노을 자락
피륙으로 끊어다가
무도복 지어 입고
사육제는 벌어지고

커튼 콜(curtain call)도
받을 수 없는
한바탕 허무 극은
박수소리 듣고서야

만장인 듯
꽃상여인 듯

떠나간다
멀어져간다
사라져간다

억새밭

꼬리 잘린 미풍에도
몸을 내맡기는
마디마디 바람이 들어있는
억새

한번쯤 구멍 뚫어
피리라도 불어볼 듯싶은데
끝내 손사래 치는
이별

인생도 서슬 푸르렀던
계절 지나면
자연의 법도를 좇는 것을

머리에 서리 내리면
물든 가슴도 하얗게
바래는 것을

코스모스

낭창낭창
흔들리는 허리
바로 서라 했거늘

티없는 가을
하늘이 짓는 미소
닮지 말라 했거늘

시절은 늘 수상한데
지닌 은장도도
한 점 독기도 없는
여리기만 한 심성

지나가는 바람에도 손 부잡혀
비틀거리니
쏟아 붓고 도망 가버리는
소나기는
어찌 감당하려는고

낙엽 · 1

할머니는
가쁜 숨으로 넘던
생의 고갯마루완 달리
발자국 찍지 않고도
큰 산을 넘으셨다

생살 찢는 아픔도
슬픔도 없는

새털처럼 가벼이
어깨춤 추며

생이 끝나는 곳에서
출발을 알리며

완성된 삶의
방점을 찍으셨다

낙엽 · 2

고추보다 매운
서리 맛 보고서야
끝내 붉힌 얼굴

무슨 부끄러움이라도
감추고 있는 것일까
허긴
꽃잎으로도
빛깔로도 붉혀보지 못했으니
어찌 부끄러움이 없었겠는가

끝내 지워버리지 못하고
붉힌 얼굴이 벌스러워
던지는 투신
낙엽은
주홍의 글씨로 남긴 유서이다

눈[雪]·1

송이송이 피는 꽃이기에
손이라도 잡자하면
새촘 몸 비틀어 빠져나가고

뒤따르자하니
미행이나 하는 양
찍은 발자국 증거삼아
일갈하기에

길길이 뛰었더니
한 방울의 따뜻한 피조차 외면해버리고
한판 뒤집기로 넘겨버린다

이후
가슴 다순 것도
죄가 되고 벌이 되어
설(雪) 앞에서 설설(雪雪)기는
따스한 체온이 그리운 가슴

눈·2

이 넓이
저 높이를 감당할 수단은 없었다

거허박영(據虛博影)※이라 했던가
미분법으로 전체를 도모하는
하늘나라 인해전술의 병법

천하통일을 이루는데는
하룻밤이면 족했다

※ 거허박영(據虛博影) : 어찌할 수 없는 속수무책을 이르는 말.

겨울 텃밭

열 자녀 스무 자녀 아롱다롱이
와글와글 시끌시끌
법석대던 곳

겨울 긴긴밤을
미주알고주알 새끼 꼬는 이야기는
바구니에 차고 넘치는
어머니의 훈장

빈 터 양지녘
지푸라기 덮힌 깊은 속 자궁
어머니의 배꼽 언저리
부산한 산실(産室)에선

또 다시 잉태하는
숨죽인 소리 뒤척이는 소리
봄을 꿈꾸는 마늘이
손가락 헤이며 날을 세고 있다

평가

자존심을 건드리지 않기 위해 꽃들의 이름을 밝힐
수는 없다

여왕이라 하는 어떤 꽃은 그 미모가
타의 추종을 불허하지만 벌 나비는 물론이요
개화이후 벌레들이 꼬이기 시작하여
꽃잎에 구멍 뚫리기 예사이고 상한 마음은
변색된 걸레 되어 바닥에 떨어지고
무슨 슬픔 그리 많아 비 오는 날이면 이유 없이
온몸을 땅바닥에 눕히며 슬픔에 겨워하다
일어나지 못하는 쓰러지기 좋아하는 꽃도 있다
그런가하면 친구들을 밟고 올라타
제 얼굴만 앞으로 내미는 은혜를 원수로 갚는
치사하기 그지없는 얌체도 있다

정갈한 자태로 떨어진 선혈조차 그림이 되어
오래 그리움으로 남는 꽃
사라짐을 집약시켜 비장미를 보이는 꽃
때가 오면 곡기를 끊고 그대로 말라
조화로 남는 자존심이 대단한 꽃

소리도 없이 피고 지는 순하디 순한 꽃도 많다

꽃을 다만 즐기려 하는 자와
꽃을 가꿔 키우고자 하는 자는 보는 눈도 평가 점
수도 다르다

제3부

뿌리 속 나라 밖

뿌리 속으로 · 1
– 마상격문(馬上檄文)

임진년 왜군의 조선 침략 열흘 만에
부산진성과 동래성이 무너지고
개전한지 20일 만에 한양도 무너지니
임금은 북쪽으로 피신한다

"… 위급 존망의 날에 있어
감히 미천한 몸을 아끼겠는가
… 북상한 어가는 돌아오지 못하고
상주의 군사는 무너졌다
왜적에게 함락될 운명에 있는 서울 장안의 백성들은
불붙은 초막에서 날갯짓하는
제비와 같은 형상이다……
옷소매를 떨치며 단상에 올라
눈물 뿌리고 군중과 맹세하였도다
이제 범을 넘어뜨릴 군사들이 모여
천둥 울리듯, 바람치듯이 수레에 뛰어오르고
관문을 넘어가는 무리가 구름모여 비 쏟아지는 듯…"
풍전등화 누란지세의 날에 고경명*은
진군하는 말 위에서
격문(馬上檄文)을 지어
각 고을에 보내니
6천여 명의 의병들이 모였다

강줄기 뒤로하며 뿌리 찾아가는
사백 오십여 년을 거슬러
금 비늘 세워 펄떡이며 살아 돌아오는 과거와 만난다

식영정※과 소쇄원※에서 시문 쓰시던 붓을 던지고
붓 대신 칼을 뽑아들고 나선 전 국민의 피의 항전,
의병운동에 불을 지피시며
죽음으로써 생의 화룡점정을 찍기로 각오하신
지금은 화석이 되신 한 노인을 만나 뵈온다

※ 고경명(高敬命, 1533~1592) 호는 제봉, 시호(諡號, 정이품이상의 문무관, 국가에 공이 많은 신하에게 그들의 사후 임금이 추증하는 이름)는 충렬. 20세에 진사시합격, 26세에 문과 갑과 장원급제하여 벼슬길에 나가 영암군수 홍문관 교리 춘추관편수관등 관직을 거친 후 59세에 동래부사를 끝으로 낙향.

※ 담양의 식영정은 조선중기 가사문학의 산실로 '그림자도 쉬어가는 정자'라는 뜻으로 임억령, 김성원, 정철, 고경명을 '식영정 4선(四仙)'이라 부름.

※ 스승인 조광조가 기묘사화로 유배길에 오르자 제자이던 양산보가 낙향하여 지은 정자와 정원으로 우리나라 최초의 민간정원이며 조선 중기 호남 사림(송순 임억령 · 김인후 · 김윤제 · 기대승 · 임제 · 고경명 · 송강 등)들의 문화를 이곳에서 이끈다.

뿌리 속으로·2
- 전라도 사수

6월 13일 평양성이 함락되고
어가는 의주에 도착한다
요동 쪽을 바라보며 임금은
명나라로의 망명을 결심하나
유성룡은 눈물로 그 불가함을 아뢰었다
“전라도는 아직 안전하니
그리 가심이 어떠신지요?”
신하가 아뢰니 임금이 짜증을 내었다

왜군 제6군단 고바야카와 다카카게의
왜장들이 이끄는 승냥이 떼들은
기름진 곡창의 바다에 군침 흘리며
전주성으로 향하는데
최후의 보루, 곳간 열쇠마저 빼앗기면 그대로 끝장인
곰티재전투라 불리는 웅치전투* 와 이치전투*,
눈벌전투라 불리는 제1금산전투*,
연곤평전투라 하는 제2금산전투* 에서
꽃다이 산화하던 생때같은 목숨들
선혈 동백꽃 꽃비로 맺혀
바다를 이루었다

굽이굽이 막히고 부딪친 전멸불사 필사 항전에
어찌 도둑떼인들 온전했으랴
상처 부여잡고 두 달여 만에
옥천과 성주로 철수하고 말았다

※ 진안과 전주 사이의 가파른 고개 웅치에서 일어난 전투. 제1, 제2 전선이 무너지고 마지막 3전선을 외로이 지키던 김제군수 정담까지 장렬히 전사함.

※ 진산군과 고산현 경계의 이치고개 전투에서 임시 도절제사 권율이 왜군의 진격을 막아냄.

※ 고경명의 의병과 관군 연합군이 금산에서 벌인 전투에서 전라도 방어사 곽영이 후퇴하자 관군이 먼저 무너진다. 끝까지 항전하던 고경명과 그의 차남 인후가 순절하고 겨우 살아남은 장남 종후가 전투가 끝난 후 아버지와 동생의 시체를 고향으로 모셔 장례를 지냄.

※ 조헌이 이끄는 700명과 영규스님이 이끄는 승병 600명이 처절히 싸우다 모두 전사함.

뿌리 속으로 · 3
– 제2차 진주성 전투*

"어차피 죽을 것이라면 네 뜻대로 하라"
절통함으로 식음 전폐한 아들 의지 꺾지 못해
지고만 어머니를
종후는 어린 동생 용후*에게 부탁하고
공부에 힘쓰라 당부하며 무리들과 합류할 때
처가로 피난 갔던 부인이 소식 듣고
달려와 보기를 청했으나
"출전 중인 몸 이곳을 떠날 수 없다" 전언하니
부인은 두 아들을 들여보내며
아버님께 하직 인사드리고 오라 하였다
7살, 5살 두 아들을 무릎에 앉힌 그는
아들 등을 어루만지며
"너희를 위하여 나는 죽는 것이니
오히려 사는 것 아니더냐" 하고
속옷을 벗어 처에게 전하라 하고 길을 떠났다

남강을 허리에 두른 진주성
외로운 섬* 일엽편주에 우뚝 서서
칼로 물을 가르고
화살로 바람을 뚫어 버틴 아홉 날째
뚫린 동문(東門) 수문삼아 쓰나미로 달려드는
야차(夜叉)들이 난무하는 육박전 아비규환 속을

품 벌리고 다가온 남강 물이
힘이 다한 채 피 흘리는 삼장사(三壯士)*를 품에 받아 안고
총총 걸음으로 떠나갔더라

※ 관군과 의병을 합하여 채 일만이 되지 않은 숫자로 총 집결한 왜군 십만을 상대하여 9일간 25번의 전투에서 24번을 잘 버텨내었다. 조선은 성 안의 민간인까지 약 6만이 사망하고 왜군도 십만 군사 중 삼만 명 가까이 목숨을 잃어 호남으로 들어가는 세 갈레 길 중 하나인 진주성을 포기하고 후에는 방어선에서도 제외시키며 부산으로 물러가고 말았다.

※ 후에 용후는 아버지와 형님들의 기록을 정리하여 남긴다. '무청사(無睛沙)면 무제봉(無霽峯)이다'는 말이 회자되었는데 청사(용후)가 있어 제봉(고경명) 집안의 행적이 세세히 남을 수 있었다는 뜻.

※ 나라에선 중과부적이니 성을 포기하라 하였고 원군인 명나라 군도 미적대며 도착치 않음.

※ 창의사 문열공 김천일, 경상 우병사 충의공 최경회, 복수의병장 효열공 고종후를 삼장사(三壯士)라 이른다.

뿌리 속으로 · 4
– 사우 포충사(祠宇 褒忠祠)* 에서

편백숲 아담한 제봉산을 등에 병풍으로 두른
겹처마 팔작지붕의 포충사 현판 아래 깊은 방 대청
검은 정자관 쓰시고 하얀 학창의 입으신
영정 속 어르신께 향불 하나 피워 올렸다

삼 불천위* 를 모신 곳에
님 기리는 그림, 유물, 각종 문적* 들과
벽을 가득 채운 제봉 문집 목판본* 을
어루만지는 손길에 흐르는 뜨거운 체온

“양반들이 못나서 전쟁이 났는데
너희들이 무슨 죄란 말이냐”시던
어른을 저승길에서도 길잡이 하는가
크고 육중한 자연석의 충노비(忠奴碑) 하나
‘충노 봉이, 귀인* 지비(忠奴 鳳伊, 貴仁 之碑)’라
씌어진 돌비가
홍살문 앞에 의연하다
애국하는 목숨 값이 다르리
이름 한자 남기지 못하고 떠난 잘못 디딘 연대기의
산을 이루고도 남을 영혼들이여

정기관 밖 깔끔히 다듬어진
노송 거느린 너른 잔디밭엔
맑은 물 속 쉬리 떼 놀듯 어린이들 해맑은데
혹여 다시 입 벌린 상어 떼가 덮칠까
어디 심상치 않은 소리 들리는가
조바심 떠는 마음이 편치 않다

※ 선조 36년에 포충사로 사액을 받음(지방 문화재 기념물 제7호. 광주광역시 남구 포충로에 위치). 구사당 4동과 신사당 4동으로 이루어져있고 제봉 고경명과 두 아들 종후, 인후 그리고 경명의 막하장이었던 유팽로와 안영의 위패가 봉안되어 있음. 조선말기 대원군 서원 철폐 시에도 전라도에서 고경명의 포충사와 김인후의 필암서원은 살아남았다.

※ 조상의 제사는 위로 4대까지만 지내게 되어있으나 불천위를 받으면 영원히 제사 지내도록 국가에서 허락하는 것을 불천위라 함. 이조 500년 역사에 한 가족 세 명 불천위는 유일하고 매년 4월 15일이면 그들의 호국 충절을 기리는 제향 행사가 포충사에서 치러지고 있다.

※ 포충사 소장 고경명 문적(유형 문화재 제21호).

※ 임란 후(광해 9년) 막내아들 용후가 남원부사로 있으면서 아버지를 위해 제작 판각한 개인문집으로 17세기의 인쇄기술, 철학, 문학연구에 중요한 가치를 지닌다(유형문화재 제20호).

※ 봉이, 귀인은 고경명의 집 하인으로서 금산 전투와 진주성 전투에 참여하였고, 금산전투에서 장남 종후와 함께 고경명과 차남 인후의 주검을 고향에 모셔 장례 지내는데 일조하였고, 후에 장남 종후와 또 다시 진주성 전투에 참여하여 종후와 함께 최후를 같이하였다. 집안에서 그들의 충정을 기려 포충사 마당에 비석을 세워주었음.

뿌리 속으로·5
– 고부천*의 월봉집(月峯集)

겨우 말을 시작한 아이가
부(父)와 모(母) 사이에 끼어 잠을 청하는데
셋이 누워있는 모습을 보며
"천(川)자 모양이네" 하니
아버지 학봉공 인후가 기이히 여겨
이름을 부천(傅川)이라 하였다

손자들 중 그 중 영특하니 사랑을 한 몸에 받으며
할아버지 제봉공 경명에게서 학문을 배웠는데
본도 감사(本道 監司)가 어린 선비들을 시험하는
백일장에서 장원
부천은 논어 한 질을 상으로 받았다

졸지에 부(父), 조부(祖父), 백부(伯父)를
잃은 몸이 되어
한 살 터울의 삼촌 청사공 용후와 함께
포충사에 향배하고 찾아간 금강에서
'서리 내리는 형문의 밤, 하늘은 차가워도 금강은 흐르고 …'
(霜落荊門夜 天寒錦水流 …)
달랠 길 없는 피 맺힌 마음은 오언 율시로 남고

잠저(潛邸)의 신분인 능양군*이 남방을 주유할 때
월봉 부천을 삼고(三顧)하였거니
군께서 말을 매어둔 은행나무는
수령 600을 넘기고도 고향 땅에 세월로 서 있고
관직 수행 중 졸(卒)하신 월봉 기려
장장 200여 년 후손들의 노력으로 완성을 본
그의 분신 월봉집(月峯集)*도
국립중앙도서관에 살아 숨 쉬고 있다

※ 고부천(高傅川, 1578 선조 11년~1636 인조 14년) 조선중기 문신, 자는 군섭, 호는 월봉. 아버지는 의열공으로 시호를 받은 인후이며, 어머니는 함풍이씨 관찰사 이경의 딸. 교서관 정자를 시작으로, 성균관 전적, 사헌부 장령, 지제교, 세자시강원 등을 거치고 1626년 벼슬을 사양하고 잠시 고향에 돌아와 있는데 정묘년 호란을 맞아 공주, 전주 등으로 피란 가는 동궁을 호가하기도 하였다. 1635년 다시 세자시강원으로 임명되었고 사헌부 장령을 제수 받음.

※ 광해군이 친형인 임해군과 이복동생 영창대군을 사사하고 어머니인 인목대비를 서인으로 강등해 서궁에 유폐시켰다. 선조의 서손인 능양군의 동생 능창군 또한 자결케 만들어 능양군의 아버지 정원군마저 화병으로 세상을 떠나자 능양군은 복수를 다짐, 월봉 부천을 찾아온 지 1년 후에 반정으로 조선의 16대 국왕 인조가 된다.

※ 아들 두강이 유물수집, 손자 세화가 시를 수집하고 6대손 시좌가 다시 정리하여 선사(繕寫)해 두었던 것을 7대손 휘진, 일진을 거쳐 1861년 8대손 재원에 이르러서야 완성에 이른다. 1864년 목판으로 간행한 초간본이 국립중앙도서관 소장본이고(9卷 1冊), 고려대학교와 연세대학 소장.

뿌리 속으로·6

– 장흥고씨 학봉파 집성촌에서

전남 담양군 창평면 삼지내 마을*은
느린 걸음의 달팽이가 기어가고 있었다
문전옥답 거느린 돌담을 끼고 흐르는
수로엔 맑은 물 흐르고
기와를 인 돌담길*로 울타리 친 한옥마을길 저쪽
'춘강 고정주 고택'*이란 옥호가 붙은
소슬 대문 속으로 빨려들었다

백살을 훌쩍 넘긴 창흥의숙*은
여직 옛 숨결 그대로 살아 심장 펄떡이는데
흰 수염 휘날리는 신선이 되고도 남을
월봉산 중턱 상월정*과
점점이 이름 빛나는 고택들엔
손(孫)들은 어디로 가고
훈김 없는 객들만 낯선 발자국 남기고 떠나간다

남도 상차림 앞에 하고
녹차 물에 만 흰밥 위에 보리굴비 한 점 얹으려하니
창밖의 소녀 하나
후우 비눗방울 날리며 풀밭을 달리고

허공에 날리던 물방울들 방울방울 오색 아롱이다
가버린 날의 무지갠 듯 허공 만리 사라진다

※ 치타슬로 국제연맹에서 지정한 슬로시티 중 하나임. 전통적 수공업과 전통조리법이 보존 되는 고유의 자연친화적 문화를 지키고 사는 마을.

※ 등록문화재 제265호. 한옥 집들을 둘러싼 3,600m에 이르는 돌담.

※ 전남 민속자료 제42호로 'ㄷ'자형 양반가 주택의 전형을 갖춘 시인의 증조부님 고택.

※ 춘강 고정주가 세운 교육기관으로 한문・일어・영어・산술・역사 등을 가르친 남도 근대교육의 효시. 현재는 창평초등학교가 되어 있음.

※ 풍류목적이 아닌 인재육성을 위한 교육목적의 유일한 정자.

뿌리 속으로 · 7
- 상월정

한 터에서 공부하던 형제가
동생은 진사시에, 형은 문과에 급제하니
임금께서 형 정주*에게 관심을 보이시며
"그대가 제봉의 몇 대 손인고?"라며 하문하셨다
성은이 하해와 같은 임금께서 하사하신
선물까지 받들고
금의환향하니 집안은 겹경사에 웃음꽃이 피었다

월봉산 중턱에
정자 이름을 한 상월정*은 기실
방 네 칸의 아담한 팔작지붕 한옥
좌우로 청룡 백호의 날개가 보듬어
제비집의 형국을 한 터인지라
제비 머무는 시기에 맞추어 인물이 난다하여
시대불문 인기 많은 공부터였다

막을 내린 이씨조선
물줄기는 요동을 쳐도
강줄기 바다를 꿈꾸며 걸음을 재촉하듯
동문동학하던 상월정의 옛 친구들*은

급물살 타고 내려앉은 용소(龍沼)에서
민족주의 우파 거물들로 탈바꿈하고 있었으니
종로구 계동 인촌 김성수의 사랑방 멤버*들이었다

※ 문화제 자료 17호인 상월정은 고려 경종(916년)때 창건되어 언양 김씨들이 수시로 드나들며 공부하던 암자였는데 조선 초기 강원감사 김응교(조선세조 1457년)가 상월정으로 바꾸어 손자사위 황해 감사 이경에게 물려주었고, 그는 또 외손자인 학봉 고인후의 자(子)에게 물려주어 오늘에 이르렀다. 상월정은 대대로 고씨 자손들의 공부방 역할을 톡톡히 했고 최근까지도 고시준비생들이 이용하고 있다.

※ 낙향 후 춘강 고정주는 아들 고광준(시인의 조부)과 사위인 김성수(교육인, 언론인, 정치인, 인촌 김성수는 어머니, 아내, 훗날 얻은 두 며느리까지 모두 고씨여서 고씨들이 병풍을 친 사람이란 말을 들었다), 인촌의 동생 연수, 고하 송진우, 가인 김병로(독립운동가, 법조인, 정치가이며 대한민국 초대 대법원장을 지냈던 가인은 어머니와 며느리가 고씨이다), 백관수 등을 가르침으로 그의 말년 교육활동을 시작하게 된다. 이들은 후에 인촌 김성수의 종로구 계동 사랑방 모임으로 다시 뭉치며 해방 이후 대한민국을 이끄는 각계의 리더들이 된다.

뿌리 속으로·8
- 창홍의숙(昌興義塾)

구렁텅이 상어 뱃속으로 빠져들고 이었다
"폐하께서는 종사를 위해서 목숨 바칠 뜻을
견고히 하시어
강제 조인된 조약을 인준하지 마시고
조약에 조인한 적들을 엄한 규율로 다스리시사…"
충정으로 간한 고정주의 상소는
받아들여지지 않았다

제 살 팔아 남작, 후작. 백작이란
작위를 받고 희희낙락하는
민낯들을 뒤로하고 낙향해버린 정주는

"시대의 변화를 놓치지 말지니 옛것에 집착해
변화를 알지 못하면 구차한 선비가 될 뿐이다…"
약해진 몸을 호시탐탐 노리는
금수들과 맞서 이길 체력을 키워야한다는 일념은
창홍의숙(창평학교)을 세우게 되고

사재를 털어 '이표'라는 한국 이름의
외국 선생을 모셔

산술에 영어도 가르쳐 문명으로 문맹(文盲)을
눈뜨게 하고
전원 무료급식에 수업료를 받지 않아도
툭하면 결석을 하는 학생들을
사람 시켜 데리고 오기 다반사였다

늑약의 어두운 골짜기 지나
36년 국치(國恥)의 굴레를 몸에 씌우고
유천마을과 삼지내 마을의
장흥고씨 학봉파※ 자손들
또 다시 힘겨운 걸음으로 나아가고 있었다

※ 전남 담양군 창평면에 있는 장흥고씨 학봉파 자손들은 유천과 삼지내 두 마을에서 각기 다른 방식으로 일제에 항거하였다, 유천마을은 고녹천을 중심으로 게릴라식 의병활동을 전개하였는데 종가였던 그의 집에는 왜경이 100여 호 동네사람들을 그의 집 마당에 모아놓고 그들이 보는 가운데 불을 지르니 녹천 종가의 유물은 하나도 남김없이 다 불타버렸고, 삼지내 마을에서는 고정주를 중심으로 온건개혁 교육 계몽활동을 통하여 많은 인재를 키워냈다.

뿌리 속으로 · 9
- 바람길

남겨진 빛바랜 사진 속에
신념인지 구호인지 모를
'for a day of pleasure!'란 글을 남기고
태풍 속으로 들어가신 아버지

부르주아의 딸
이념을 모른 채 다만 손 붙잡혀
바람 속에서 회오리치신 어머니

건너지 못하는 강 바람길에서 찢어진 가족
토막 친 생선처럼 동강 난 민족

그로부터 비롯된 나 그를 모르고
그도 나를 모르는
첫울음마저 선수치는 바람에 묻혀버린
1951년 1월생
유복녀 아닌 유복녀는

허기진 하늘에 웅크린 태아 되어
어머니 가슴에 기대면 들리던
구멍 뚫린 심장으로 흐르던 바람소리
나의 자장가였다

뿌리 속으로·10
– 아버지와 세 여인

보이지 않는 얼굴 하나를
기다리며 눈감지 못하시다
"어머니, ㅇㅇ이 딸입니다."
등 떠밀어 앞으로 내보낸
아들을 쏙 빼닮은 손녀를 보시고
핏기 가신 마른 낙엽 같은 할머니의 손이
허공을 넘어오다 힘을 잃으셨다

여자 팔자 뒤웅박 팔자라 하던가
잘못 구른 뒤웅박에
찬 물에 손 한 번 담그지 않고 시집오셨다던
어머니
어머니의 갱도 속 같은 세월은
뒤웅박이 또 한 번 구르기까지
삼십년이 걸린 문드러진 세월에도
장수 복에 효자 효부의 효도 받으시며
말년 호강을 누리시니
이제 사랑도 가물가물 원망도 가물가물인지
"여자는 그저 남편 복을 타고 나야 돼"
입에 달고 하시던 말씀 어느 사이 쏙 들어가 버렸다

한 번 뵌 적 없어
도화지에 그려지지 않는 아버지인데
철들자 알아버린 아버지로
골방에 자신을 가두고 자라지 못해
다 늙어서야 가슴에 자라나는 그리움을 적셔
그려보지 못했던 아버지를 그리며
지진아 하나 눈물 찍어대고 있다

호주여행 · 1
- mornington beach에서

파도를 넘고 파도를 달려와
손잡은 오누이가
너럭바위 넘을 제
옥구슬 구르는 소리
수평선 따라 굴러가고
은구슬은 다가와
발가락 간질이며 속삭인대도

컵라면 하나에 갓 따온 전복 하나씩
뚝뚝 썰어 넣은 메뉴판엔 없는 메뉴가
목을 넘어 숨어드는
해수처럼 간간한 반가움만 하리

함박꽃 만발하는 땅
시작과 끄트머리에
청녹두 알로 부서지는
에메랄드

호주여행 · 2
- Buchan farmhouse

탐조등을 켜 듯 헤드라이트에 의지해
달린지 한참 만에 도착한 농가
별은 쏟아지는데

외진 산속 집 칼 가는 소리에 맞춰
망나니는 춤을 추고
창틈 비집고 발 들이미는 긴 다리

땀에 젖어 눈 뜬 아침
햇살은 찬란하고
창 너머 구릉들은 파도 되어 넘실대고
방목된 양떼, 소떼들은
끼리끼리 살 부비며 굼실대고

떨어진 레몬, 귤, 자몽을 봉지에 담기 바쁜
가난한 유전자의 시끄러운 후예들은
멈춰버린 시간을 흔들어대는데

세상은 멀고 하늘은 가까운
은퇴부부가 짊어진 수백 에이커의 농장
축복과 저주의 앙상블이 메아리로 감기는
귀곡 산장 파라다이스

호주여행 · 3
- Made In Korea

또르르 굴러 떨어질라
빨간 장미 위의 이슬
고해상도(高解像度) 과시하는
매장의 요정 S TV는 '메이드 인 코리아'

치타의 속도와 코뿔소의 힘으로
폭스바겐, 캠리, 홀댄을 재껴가며 앞지르는
질주본능 도로 위의 괴물은
금속 섬광의 'H' 로고(logo), '메이드 인 코리아'

새끼 입에 먹이 물어다 먹이며
척척박사 비빌 언덕이 된
물가에 내놨던 자식도 '메이드 인 코리아'

넓은 땅이 좁다하고
동에서 번쩍 서에서 번쩍이며
순금으로 금박하는
번쩍번쩍 '메이드 인 코리아'들

호주여행 · 4
– tram restaurant*

야맹증에도 과녁에 명중되는
큐피트의 화살을 맞은 시간
빨간 트램은 휘청거리며
꿈길로 미끄러져 들어가고

흰 와이셔츠에 검은 조끼
핸섬 가이(guy) 웨이터의 서비스에
버터처럼 녹아내리는 안심 스테이크와
줄어드는 적포도주 잔에 비례해
복사꽃 꽃잎으로 피어나는 두 뺨

다운타운 반짝이는 보석들은
잡힐 듯 다가오다 멀어져 가고
야라강*은 흐느적이며 길을 따르며 동행해도
갈 곳 몰라 배회하는 그리움 타 마시는
차오르던 빈 와인 잔

※ Tram Restautant : 시내 야경을 즐기도록 운행하는 식당 전차.

※ 야라강 : Melbourne 시내를 흐르는 강.

호주여행 · 5
– 어제 오늘 내일

어제는
깊이 감춘 뿌리의 세운 가지 끝
가시에 찔린 듯 식물조차 까칠했다

오늘은
조막손으로 악수하는 바나나와 손자
무화과나무 아래 인형놀이에 정신없는 손녀
막내조차 뽕나무의 오디 접대를 받으며
동갑내기들끼리 어울리는 화기애애

바람이 흐르는 것은
저만치에 나무를 심어
가지마다 오선보에 음부(音符)를 달아주고 싶은
마음이다

내일은
바람 소리를 닮은
결혼잔치 웃음소리와 아가들의 울음소리를
기다리고 있으리라
꿈꾸는 정원에서

호주여행 · 6
- royal botanic garden(왕립식물원)

주식(主食)은 물이요
평생 묵언(默言)수행의 내공으로 쌓은
범상찮은 체구의 외다리 생명은
천년 이야기로 흐르고

깊고 그윽한 푸른 영기(靈氣) 거느린
초록 카펫 끝없는 장원(莊園)에서
우러르다 지쳐 바닥에 누워버린
초라한 두 다리 생명은
소멸의 자리라면 더욱 황홀하리라
눈을 감아버리고

백조, 흑조마저 호숫가
하얀 레이스 보에 덮인 테이블과 벤치처럼
무대의 소품으로 물러나며
비상(飛上)을 삼가더라

호주여행 · 7
- Sovereign Hill※

말발굽 딸각거리며 오가는 마차는
1000도 화덕을 풀무질하는 끓는 금(金) 속에서
함께 끓고 있는 노다지를 향한
욕망들을 실어 나른다

우체국, 마구상(馬具商), 대장간 늘어서고
빵 굽는 냄새 구수한 거리엔
빅토리아시대 의상을 입고 오가며
꽃다발처럼 떨어뜨리고 가는
신사 숙녀들의 웃음 너머
뒤척이던 광부들 갱도 속
어둔 방의 식기도 있다

타임머신 타고 도착한 과거에서
그 조상의 그 후예들이
금박된 황금 꿈 하나 건져 올릴까
금보다 반짝이는 두 눈을 하고
시냇가에서 모래 담은 채를 흔들어대고 있다

※ sovereign hill : 1850년대 골드러시 시대를 재현해 놓은 일종의 민속촌.

호주여행・8
- Great Ocean Road

그 길이
부메랑의 고향
스릴 만점 서핑(surfing)의 현장
고래들의 전진기지로
핸들 한 번 꺾을 때마다
안면 바꿔 인사하는 길이라 하여
가속 페달을 밟는 것은 아니다

깎아지른 석회암 절벽해안 위의 S석(席)
십이사도(使徒)※와 함께 관전(觀戰)하는
황금접시를 놓고
뺏기지 않으려, 빼앗으려
벌건 피로 물들어가는
두 거물(巨物)의 용호상박(龍虎相搏)!

룰루랄라 달려간 이백오십 킬로미터
그레이트(great)한 해안의 대미(大尾)에서
머리카락 휘날렸다
속진의 때 날려버렸다

※ 십이사도 : 바다 속에 있는 12개의 석회암 바위를 십이사도(twelve apostle)라 부르는데 파도와 낙뢰로 인해 몇 개는 파손되어 없어짐.

호주여행 · 9
– 캥거루

우리 같은 기막힌 생명 있으면 나와보라구요
2cm 조산한 핏덩이 미숙한 몸으로
암벽 등반하듯 기어올라 찾아가는 어머니 품

체온으로 짠 육아낭 속은 젖과 꿀이 넘치는
알토란이 여무는 비옥한 대지였기에
목숨 건 여행도 후회할 리 없고

벌보다 빠르게 잽(jab)을 날리고
공 튀듯 날아올라 가격하는 두발차기
아버지의 무예타이※ 실력은
또 얼마나 든든한 울타리인지

저마다 때맞춰 제 밥값 하는 우리들인데
대서(袋鼠) 캥거루족이라고요?
우리가 모르는 그런 한심한 캥거루 있다면
어디 면상 한 번 봅시다

※ 무예타이 : 손과 발을 모두 사용하는 태국의 격투기.

호주여행 · 10
- 비행기를 타고

긴팔 날개로 펼친
새[鳥] 한 마리
안테나를 세운다

순식간에 한 눈에 잡히는
옛날 같은 세상
소란함이 있었던가
푸른 숲 속 사이사이 아기지기한 마을에서
목마른 적 많았어도 그리운 세상

길은 어디로도 이어지는 것
낙타가 바늘구멍을 통과하는
아름다움만 남는 세상으로
길은 이어질까 이 언저리 어디쯤에서

철갑 갑주(甲冑)로 두른 새 한 마리
뚫려 깊은 하늘 기웃거리며
자꾸 고개를 치켜든다

제4부

시집 평설

■ 시집 평설

현대시법에의 충실과 시적 실천 돋보여

박진환
(시인 · 문학평론가)

1. 전제

시가 언어의 예술이란 건 시의 ABC다. 그러나 시를 언술이니, 수작이니, 거짓말이니, 연금술이니, 심지어는 신의 말이니 하는 것은 ABC가 아니다. 이는 시가 단순한 언어로써 표현되는 예술이 아니라 고도한 언어용법, 곧 언어를 다루는 기술에 의해 창조된다는 것을 말해주는 것이 된다. 그래서 이러한 창조자인 시인을 가리켜 언어의 지배자라고도 한다.

언어의 지배자인 시인이 다루는 언어의 용법의 하나인 언술부터 살펴보자. 언술(言術)이란 언어기술의 약자로서 언어생활, 언어교육, 언어행동을 보다 효과적 · 합리적 · 능률적으로 하기 위한 기술을 의미한다. 그 때문에 시가 구사하는 모든 레토릭을 두고 한 말일 수 있다.

수작이란 서로 주고받는 말을 일컬음이다. 그 때문에 말의 의미·용도·효과는 물론 구사하는 목적이나 결과까지도 수작에 편입될 수 있다. 그뿐만이 아니라 설득의 효용이나 반대로 역효용까지도 수작에 담기기 마련이다.

시를 거짓말이니 시인을 거짓말을 할 수 있는 특권을 가진다고 하는 것은 일종의 허위진술을 두고 한 말이다. 허위의 진술이란 진실은 배후에 감추고 그에 상응하는 다른 사물이나 존재를 전면에 드러내는 언어행위로서 상징이 그러하고, 전경화가 그러하듯이 이중지시성을 지니게 된다.

그리고 연금술은 금을 정교히 다루듯 언어를 다루어 광채에 값하게 하는 일종의 언어의 달인을 지칭해서 하는 말쯤이 된다.

이러한 언어용법에 토를 단 것은 시가 단순한 언어로써 씌어진 것이 아니라 언어를 다루는 고도한 기술에 의해 씌어진다는 것을 단적으로 말하기 위함에서다. 그리고 언어기술은 언어예술에 대한 ABC가 아닌 보다 높은 차원의 것이란 것을 말하기 위함에서다.

시인이 언어에 대한 자각, 곧 언어를 다룰줄 아는 곳에서 시를 출발시켰을 때 비로소 시는 시법에 의한 탄생이 될 수 있다. 바꾸어 말하면 시법을 모르고 타성의 한계를 극복하지 못한 시는 창조에 값하지 못한다는 뜻이다. 어떻게 써야 창조가 된다는 것을 알고 쓰는 시와 모르고 쓴 시는 시법을 중시하는 쪽에서 보면 바로 식별된다. 그리고 이 식별은 시법과 타성을 구별할 줄 알았을 때 비로소 터득되는 감식법쯤이 된다.

고선종 시인의 시집 『종소리 날다』는 한마디로 언어의 용법과 시법을 알고 출발시킨 시라는 점에서 타성의 극복과 함께 시법에서 시를 출발시키고 있음을 보여준다고 할 수 있다.

시집 제목인 『종소리 날다』는 이를 단적으로 말해주고 있다. 왜나하면 '종소리'는 청각적 감각에 의해 소리로써 전달되는 '나다'나 울림의 진동으로 전달되는 '울리다'로 해석해야 정석이다. 과학적 진술로는 '종소리' 하면 '나다', '울리다'로 자동연계 돼야 고정관념화된 사실이나 상식에 일치하게 된다. 헌데 이를 '날다'로 바꿔버리면 일탈된 상식이나 사실의 왜곡이 되게 된다. 일종의 자동전달을 차단, 의도적으로 친숙성의 것을 비친숙성의 것으로 대신하는 고정관념 쪽에서 보면 관념의 제로화를 통한 새로운 관념의 발견일 수 있고, 진술로 보면 의사진술, 시법으로 보면 러시아 형식주의 낯설게 쓰기나 전경화, 그리고 우리식으로 풀면 변용이 되게 된다.

'종소리 날다'에서 '날다'란 단순한 이 용어가 주는 의미는 고정관념에서의 일탈이 감행한 잘못 쓴 모순어법이 아니라 시법에의 충실에서 시를 출발시킨 언어의 자각을 보여준 것이란 점에 귀결된다. 그리고 그 귀결점에서 출발되는 시법에의 충실을 읽게 해준다는 데 귀결되게 된다.

시집 『종소리 날다』는 바로 이 귀결점을 조명의 출발점으로 했을 때 시적 본질은 드러날 것으로 여겨진다.

2. 몇 개의 평가역 설정

시집 『종소리 날다』에는 3부에 나누어 80여 편의 시를 수록하고 있다. 제1부에서는 화자의 삶과 삶에서 체험되고 연계되는 오브제들을 정신적・현실적 교호를 통해 삶의 문양으로 채색, 교직해내는 교호작용을 통한 형상화를, 2부에서는 자연・계절에서 체험되고 체험이 환기시키는 자연감정・자연친화력을 발상으로 자연의 메인 이미지들을 형상으로 재구성해주고 있다. 그리고 3부에서는 1, 2부가 보여주는 시편과는 달리 발상을 바꾸어 뿌리의식과 혈통의식, 그리고 역사의식을 바탕에 깔고 가통(家統)의 통시적 맥락을 이끌어냄으로써 대담한 시도를 보여주고 있다.

문제는 세 시역이 보여주는 시의 의미망에 있지 않고 이를 어떻게 언어의 그물로 투망해내느냐의 언어용법, 곧 레토릭에 있다는 점이다. 시란 '무엇'을 썼느냐보다 '무엇'을 어떻게 드러냈느냐 하는 레토릭으로 평가된다는 점이 그것이다. 그리고 이러한 평가의 기준은 신비평시법의 잣대로 척도 된다. 고선종 시인이 스스로의 시에 구사하고 있는 시법은 이러한 평가치를 시로써 말해줄 것으로 보고 시를 제시해 본다.

2-1 양극화의 시법

양극화란 상반·상충의 서로 대립되는 것을 나란히 병치하는 시법으로서 형이상시의 대표적 시법이기도 하다. 극과 극의 병치는 대립을, 대립은 갈등을, 갈등은 긴장을 수반한다. 시적인 풀이로는 시에서 외연과 내포가 조화롭게 응축하는 힘을 이름인데 테이트의 전매특허품이자 현대시법의 대표적인 하나다. 시가 지니고 있는 팽팽한 긴장감은 이질적인 요소, 즉 양극화에 의해서만 가능하다. 그리고 이 힘의 균형이 곧 텐션으로서 현대시가 새로이 발견한 새로운 생명율로서의 리듬이 곧 텐션이다.

고선종 시인이 즐겨 쓰고 있는 양극화는 끌고 당기는 팽팽한 긴장 차원의 높이에 도전하는 상반·상충의 대립과 갈등을 통해 텐션을 체험하게 해주고 있어 설득력으로 작용하고 있다.

어둠을 밀어내며
해를 밀어올린다

-「새벽」 첫연

가질수록 욕망의 항아리는 비어가고

채울수록 넘칠 줄 모르고 누수되는
(중략)
내리는 듯 오르는 듯
밀고 밀리며 피를 달구는 하늘과 땅

-「어느 날」 일부

우러르듯 비상하고
방향 틀어 하강하는

-「고려청자」 1연 일부

맺히고도 풀리는
풀리고도 맺히는

-「마술은 없다」 일부

예시 외에도 「밤비」, 「억새밭」, 「낙엽·1」 등 많은 시편들에서 양극화는 찾아볼 수 있다. 양극화는 서로 이질적 요소의 상반·상충의 병치만으로 완성되는 것은 아니다. 이를 하나의 질서로 합일, 새로운 시의 질서로 재구성했을 때 비로소 시법에의 충실이 된다. 그 때문에 고도의 상상력만이 이끌어낼 수 있는 위트와 컨시트가 요구된다. 이점 양극화의 동원에도 불구하고 고선종 시인이 앞으로 스스로의 시적 실천을 통해 지양해야 할 과제란 점에도 관심 했으면 싶다.

2-2 낯설게 쓰기의 시법

양극화에 이어 고선종 시인이 즐겨 구사하는 시법이 낯설게 쓰기다. 시적 대상이 자동적으로 연계시키는 자동전달을 의도적으로 철저히 차단, 고정화한 관념에서 일탈함으로써 새로운 관념을 발견하고자 하는, 그리하여 낯설게 드러냄으로써 새로움으로 탄생시키고자 하는 낯설게 쓰기는 러시아 형식주의의 대표적 시법이자 현대시법을 대표하는 하나이기도 하다. 고선종 시인이 낯설게 쓰기를 즐겨하는 것은 현대시법에의 충실이자 이를 스스로의 시에 실천함으로써 시적 위상을 높이려는 의지지향으로 읽혀져 신뢰에 값한다고 할 수 있다. 시를 제시해 본다.

휘두른 칼날
스치기만 해도 코 베이고 뺨을 에는
천하가 떠는
전광석화와 같은
사무라이 칼솜씨

살랑이다가 몰아치다가
왔다가 갔다가
입맛 따라 요변덕을 치는
꼬리를 잡을 수도 잡히지도 않는

구미호

어떤 이는
먼 나라 브라질에서
날갯짓하는 나비가
그의 고향이라고도 하고
또 어떤 이는 떠도는 역마살의 형벌을 받은
고향을 알 수 없는
행려자라고도 하고

-「바람·2」 전문

앞산 가을 호랑이 한 마리
푸른 산 잡아먹고
배 깔고 모로 누워있네
뻗친 앞발 사이로
고개 묻었다가
금방이라도 일어나
포효할 것만 같은
알록달록 찬란한 호피 무늬
햇살 아래 숨죽인
거대한 위용

-「가을 산」 전문

예시 외에도 「오수」, 「여름」 등 많은 시편들이 보여주고 있는 낯설게 쓰기는 고선종 시인이 즐겨 원용하는 시법으로 여러 표정의 전경화로 펼쳐지고 있다.

예시 「바람·2」에서 '바람'을 '사무라이 칼솜씨', '구미호', '행려자'라고 바람과는 동떨어진, 바람에 대한 고정관념에서 일탈했을 때만이 자유롭게 연상될 수 있는 제2, 제3의 사물을 끌어다 등가화하고 있는 변용의 솜씨는 엘리엇 식으로 풀면 드러내고자 한 것에 상응하는 객관적 상관물의 발견이거나 발견을 통한 재구성이 된다.

예시 「가을 산」도 예외가 아닌 같은 맥락성에 잇대어 볼 수 있다. 단풍으로 얼룩진 가을 산을 호랑이로 변용, 호랑이로 하여금 푸른 산을 잡아먹게 함으로써 울긋불긋한 단풍으로 산을 채색해 놓고 이 채색을 '금방이라도 일어나/포효할 것만 같은/알록달록 찬란한 호피무늬'로 재빠르게 전환해내는 순발력으로서의 위트가 반짝이는 광채가 되어주고 있다. 이른 바 휠라이트가 지적한 시적 광채쯤이 이러하지 않았을까. 이만한 솜씨면 낯설게 쓰기에 값하는 현대시법에의 충실이라고 할 수 있다.

2-3 변용의 시법

기실 낯설게 쓰기와 변용은 표현만 다를 뿐 같은 맥락의 것이라고 할 수 있다. 변용이 모습 바꾸기이고, 모습을 바꾸면 낯설게가 되기 때문이다. 그런데도 불구하고 굳이 변용을 달리 시법화한 것은 낯설게 쓰기가 주로 대상 사물이나 존재 등 현상학적인 것을 즐겨했다면 변용은 내면적이고도 정신적 · 정서적인 것을 즐겨 대상화했기 때문이다. 시를 제시했을 때 이해를 도울 것으로 보고 제시해 본다.

한사코
범람하는 물
달래지 못한
도강을 꿈꾸는 강물을 가슴에 지녔음이다

한사코
출렁이며 뒤척이는 파도
달래지 못한
타향을 꿈꾸는 바다를 가슴에 지녔음이다

한사코
발걸음 재촉하는 행보
축지법의 달인이
가슴으로 낸 길을 지녔음이다

-「그리움」 전문

새해 첫날
새 달력 겉표지 한 장 뜯어내면
뽐내고 있는 숫자들
하루하루의 싱그런 얼굴

바다와 하늘의 밀월로
잉태했다 부화한
황금란(黃金卵) 한 알을

삼백 육십 오개의
표정으로 짜깁기 한
조각보에 곱게 싸
황금 마차는 달린다

－「희망」 전문

채우지 못하는 가슴으로
성깔을 부리는
기성품일 수 없는 인생들이 쏟아지는
'기성품 거리'에서

성능 좋은 가면을 찾으려
조명 밝은 쇼 윈도우를

명품 아닌 인생들이 기웃거리는
'명품 거리'에서

쌓다가 부수고 다시 또 쌓아
미끄러진 돌 다시 밀어 올리는
땀방울 뚝뚝 떨어지는
시지프스* 의 길에서

길마다 부려놓을 시간을 돌리는
컨베이어 벨트에서
마멸되어가는 하루

－「오늘」 전문

예시 「그리움」 과 「희망」 은 내면적인 것을, 「오늘」 은 현실적인 것을 대상으로 변용의 솜씨를 보여주고 있다.

「그리움」 은 내면적 정서를 '범람하는 물', '가슴에 지닌 강물', '가슴에 지닌 바다', '축지법의 달인이/가슴으로 낸 길'로 그리움이라는 정서를 형상을 지닌 사물이나 존재로 재구성함으로써 변용에 값하고 있음을 보여주고 있다.

「희망」 은 정신적인 관념을 '하루하루의 싱그러운 얼굴', '황금란 한 알', '황금 마차'란 객관적 상관물로 재구성함으로써 변용을, 그리고 「오늘」 은 현재로서의 '오늘'을 '기성품 거리', '명품 거리', '시지프스의 길', '마멸되어가는 하루'로 공간 개념을 거리로 이동, 현장을 가로지르게 함으로써 마멸로 마감하는 거리의 공간화로 변용해주고 있다.

내면적 정서와 관념, 그리고 현실로서의 오늘을 각기 다른 모습으로 재단해다 재구성을 통해 조립해내는 변용의 솜씨도 만만치 않음을 보여주고 있는데 이쯤이면 현대시법에의 충실에 값한다고 할 수 있다. 시법에 상관없이 시정신으로 읽을 수 있는 또 다른 시역의 뿌리의식도 간과할 수 없을 듯싶어 짚고 넘어가기로 한다.

2-4 뿌리 · 가통의식의 시

일련의 연작시 형태로 쓴 「뿌리 속으로」 시 10편은 더 깊은 천착을 유보한 것으로 보이는 뿌리의식, 혈통의식, 역사의식으로 교직된 일종의 가통(家統)의식의 시라고 할 수 있을 것 같다. 조선조 때의 문신으로 임진왜란이 일어나자 의병 7천여 명을 이끌고 항전하다 전사한 의병장 고경명(高敬命, 1533~1592) 선조를 발상으로 쓴 「뿌리 속으로」는 일천한 시력의 도전으로는 쉽지 않은 시적 모험으로서 비교적 형상화에 성공한 것으로 제시될 수 있다고 여겨져 제시해 본다.

임진년 왜군의 조선 침략 열흘 만에
부산진성과 동래성이 무너지고

개전한지 20일 만에 한양도 무너지니
임금은 북쪽으로 피신한다

"… 위급 존망의 날에 있어
감히 미천한 몸을 아끼겠는가
… 북상한 어가는 돌아오지 못하고
상주의 군사는 무너졌다
왜적에게 함락될 운명에 있는 서울 장안의 백성들은
불붙은 초막에서 날갯짓하는
제비와 같은 형상이다……
옷소매를 떨치며 단상에 올라
눈물 뿌리고 군중과 맹세하였도다
이제 범을 넘어뜨릴 군사들이 모여
천둥 울리듯, 바람치듯이 수레에 뛰어오르고
관문을 넘어가는 무리가 구름모여 비 쏟아지는 듯…"
풍전등화 누란지세의 날에 고경명※은
진군하는 말 위에서
격문(馬上檄文)을 지어
각 고을에 보내니
6천여 명의 의병들이 모였다

강줄기 뒤로하며 뿌리 찾아가는

사백 오십여 년을 거슬러
금 비늘 세워 펄떡이며 살아 돌아오는 과거와 만난다

식영정*과 소쇄원*에서 시문 쓰시던 붓을 던지고
붓 대신 칼을 뽑아들고 나선 전 국민의 피의 항전, 의
병운동에 불을 지피시며
죽음으로써 생의 화룡점정을 찍기로 각오하신
지금은 화석이 되신 한 노인을 만나 뵈온다

– 「뿌리 속으로 · 1」 전문

마상격문(馬上檄文)이란 부재가 붙은 예시는 임진왜란을 맞아 분연히 일어서 왜적을 향해 진군하는 선조 고경명 의병장의 구국정신과 충성심, 그리고 선비의 도를 발상으로 뿌리 · 혈통 · 가통의식을 역사의식에 오버랩, 재구성해낸 시로서 읽는 이의 뿌리의식을 환기시키는 설득력을 지니고 있다. 그리고 이러한 실험은 시인이면 누구나 한번쯤 스스로의 시로써 실험 내지 실천해봄직한 시정신 내지는 시의식이란 점에서 귀한 몫을 한 것으로 여겨진다.

3. 결어

이상의 지적들은 고선종 시인이 상재한 시집 『종소리 날

다』를 일별해본 소박한 독후감일 수도, 깊이를 들여다보고자한 조명일 수도 있다. 그 어느 것이었건 몇 줄의 마무리가 필요할 듯싶다. 그리고 마무리는 시집『종소리 날다』로 거둔 시적 성과에 모아질 듯싶은데 스스로의 시에 실천한 양극화·낯설게 쓰기·변용의 시법들이 이를 말해줄 듯싶다. 시법을 알고 시를 출발시킨 현대시법에의 충실 또한『종소리 날다』로 거둔 성과에 편입시킬 수 있을 것으로 본다.

종소리 날다

2015년 1월 20일 인쇄
2014년 1월 30일 발행

지은이 / 고선종
발행인 / 박진환
펴낸곳 / 조선문학사
등록번호 / 1-2733
주소 / 120-853 서울 서대문구 통일로 389(홍제동)
대표전화 / 02-730-2255
팩스 / 02-723-9373

ISBN 978-89-98115-97-5

정가 10,000원